AF368181

El caso de Pancho Tacoronte

Lic. A. María Caballo Dirk

ISBN: 978-84-686-4161-4

ISBN digital: 978-84-686-4162-1

Impreso en España / Printed in Spain

Editado por Bubok Publishing S.

Es el caso de un loco, al que llamare Pancho, lo que voy a comentar aquí.

Presentaré primero un conjunto de textos literarios escritos por él y que él mismo agrupó en una obrita para posibilitar el presente análisis.

Luego, en el epílogo, desarrollaré mi juicio clínico a la luz de esos escritos y de otros datos extraídos de su historial.

Veamos la obrita, los textos.

Dezires, haceres y fábulas

Pancho Tacoronte

-¡Ninguno es más sabio que otro! –dijo el de Samos, apodado "El Cerdo".

-Verdad es que dijo "El mundo tuvo principio y tendrá fin" –contó de él Milesio a Celio.

-Escribió muchísimos libros, tanto que superó a todos en esto –dijo de él Laercio, que lo adoraba.

-¡Santas son sus sentencias! –dijo Lucio el hispano.

-¡Cristiano fue, pues fue estoico! ¡Oh alma grande y generosamente docta, fecunda de partos tan felices! ¿Cuál seso humano sin luz de la fe encaminó al espíritu riqueza tan decente -proclamó de él don Francisco, y mirando de reojo las hogueras añadió:-, ya sé por las palabras del Apóstol "Que Dios es verdadero y todo hombre mentiroso, como escrito está"...

-¡El primer materialista! –dijo el estudiante Carlos.

-El sol se apaga chirriando en el mar como una lucerna –puso en su boca Cleómedes para enredar-. ¡Es el padre de la verdad –añadió con mofa.

-¡Soy un cerdo de la piara de Epicuro! –dijo el excelso poeta, muerto de risa.

-Ego quoque –diría, muy serio, don Pío

La mirada

Al señor Salcedo le gustaba mucho mirar a las niñas. Iba con frecuencia al colegio Santa Rosa de Lima a la hora de la salida. Sentado en un banco, cercano a la puerta, las miraba pálido y con la respiración entrecortada. Le gustaban todas, pero las de doce a catorce eran su debilidad.

Desde que el padre de Lupita le descerrajó dos tiros en la barriga, el señor Salcedo, aunque ya nadie le ve, cuando se cruza con una niña mira para otro lado.

Aviso

COSAS ATROCES HE VIVIDO. De esas no diré nada. Pero, a pesar de ello, apreciado lector (o apreciada lectora, si es el caso), si es usted menor de edad, o simplemente sensible, no continúe leyendo pues hacerlo podría herir su sensibilidad sin provecho alguno. Dejo el asunto en sus ya avisadas manos.

El cuervo y la zorra

Estaba el cuervo sobre una rama comiendo un queso, que había comprado con su salario, cuando llegó la zorra y se puso a darle galante conversación, halagándolo pero dudando de las cualidades de su voz. Él se puso a cantar para demostrarle su habilidad; entonces cayó el queso de su pico y la zorra ¡zas! se lo comió. La denunció ante el Tribunal de los Derechos Animales. Allí, considerando noble el arte de la zorrería, al amparo del derecho natural, lo condenaron a pagar las costas del juicio.

Carlitos escucha

Carlitos, en la escuela, escucha a su maestro que habla inflamado:

"¡Lo que hacen los homosexuales es natural! ¡Es una opción sexual como la tradicional, igual de digna! ¡Somos libres y el que quiera puede ser homosexual!..."

Carlitos, en casa, escucha a su padre que, pálido, sofocado y tembloroso, le dice:

"Mira hijo mío, a mí me da mucho asco la mierda. Y en el culo lo que hay es mierda. Y los maricones se escarban en el culo, se escarban la mierda ¡Me dan un asco! ¡Apártate de ellos, hijo mío, son muy sucios!"

Carlitos, los ojos muy abiertos, la tez muy blanca, respira entrecortado.

-¿Tú me entiendes, hijo mío?

-Sí papá –balbuceó trémulo, casi sin voz, mirando al suelo.

Entonces…

Era una plaza a la orilla de la carretera que hacía de calle principal de un barrio de esos peligrosos de las afueras. Llegué allí cuando vagaba, conduciendo sin rumbo, pasando el rato; allí me senté a la sombra de un laurel de indias. Había tres ancianos en un banco que sonreían y miraban de reojo a otro que, en otro banco, hablaba solo:

-Porque los moros fueron meros porteadores… Pusieron, pocos días después, unos barrenos en las vías del tren rápido y no supieron hacerlos estallar. Ellos no montaron las bombas que explotaron unos días antes.

-Entonces… ¿Quién…?

-Pero ¿Es verdad que los vehículos fueron destruidos a las pocas horas de los atentados.

-¿Quién lo ordenó? ¿El juez?

-Entonces… ¿Ese juez…?

-Y la policía… ¿Omitió pruebas? ¿Lavó los pocos restos que se conservan? ¿Informó al gobierno por la tarde, cuando hacía seis horas que la oposición estaba divulgando las estrategias de la policía?

-Entonces… ¿Esos policías…?

-Y en el juicio ¿Lo dieron todo por bueno, o séase…?

-Pero… ¿Hubo una trama traidora en…?

El anciano miró, nervioso, el reloj, eran casi las cuatro, recogió unos papeles que tenía a su lado, miró a los otros ancianos y se fue ligero, a pesar de sus muchos años, como huyendo.

-¿Quién es ese? –dijo uno de los ancianos cuando se hubo marchado.

-Ese pobre viejo –dijo otro- está vivo de milagro. A mí me lo contó Rafael el de la pensión. El viejo vive allí. Emigró a Venezuela cuando era un niño, durante la hambruna del 54. Estuvo allí unos años, se metió en políticas y tuvo que huir cuando ahorcaron a un tal Fabricio con el que andaba.

Los tres ancianos quedaron en silencio. Yo también me fui.

¡Señoritos…, mi dinero!

-Mire, don Juan, eso del estado del bienestar es un camelo. Los que viven bien son una entrada de cabrones que se levantan a las diez y se van al bar a tomar café; vamos, que se dan la vidorra.

"Y ¿cómo? Pues el gobierno les da una paga por no hacer nada.

"Y ¿de dónde saca el gobierno ese dinero? Me lo quita a mí, don Juan. A mí que tengo que trabajar en tres empleos, que trabajo doce horas diarias seis días a la semana. Que para llevarme tres mil al mes, que es lo mínimo indispensable para una familia, tengo que juntar cinco mil porque el gobierno me roba dos mil.

"Y ¡para dárselo a esos cabrones cuya única ocupación consiste en ir a votar cada cuatro años por el partido que les garantiza que eso va a seguir siendo así!

"Nuestros hijos tienen que saber que sus vidas están arruinadas porque la sociedad está podrida desde los pies hasta cabeza. Todo el mundo chupando del bote a cuenta de los trabajadores y de créditos bancarios (deuda pública) que van a pagar sus hijos y los hijos de sus hijos.

"Así es que yo me cago en el estado del bienestar y en

sus artífices.

-Pero, don Justo –dijo don Juan-, no hable así, que es usted doctor.

-Yo soy un desertor del arado –replicó don Justo-, la buena educación me la paso por el forro de los cojones. No voy a decir "¡Señoritos, que se quedan con mi dinero!" -tomó, de un plato que había sobre la mesa, un puñadito de cacahuetes salados, se los echó a la boca y mientras los masticaba siguió- óquevoyáicires ¡Cagüenlásorraetósellos!

¡Mira, mira, mira…!

Una mujer se aproxima de frente. Esbelta, mueve ligeramente las caderas al andar pero de un modo muy natural. En sus ojos, bien abiertos, esa mirada desparramada que suelen llevar las mujeres y que les permite percatarse de lo que sucede en un radio de casi ciento ochenta grados.

Delante de mí van dos jóvenes, la miran…

-¡Bofff. Qué buena está! –le dice uno al otro a media voz- ¡Mira, mira, mira…! ¡Mira qué tetas! ¡Yojjjj! ¡Qué polvazo tiene la cabrona! ¡Ajjj!

La mujer ya está casi a su lado.

-¡Olé *er* salero! ¡Olé *er* salero y la *grasia*! –le dice, estirándose como un torero.

La mujer lo mira al paso, sonríe y sigue su camino.

Dígame, profesor… ¿qué es el alma?

Don Juan golpea a don Pedro con el codo y, con cara de pícaro, sacude la cabeza hacia la derecha, donde está sentado el profesor.

-Profesor –dijo, y volvió a golpear con el codo a don Pedro-, ¿qué es el alma?

-Pues mire usted, don Juan, mi experiencia del alma, dejando a un lado el misterio, sin conflicto alguno con él, procede de la más elemental metafísica.

"El alma es lo que tengo en vida y lo que permanecerá tras mi muerte.

"Lo que tengo ahora es la vida y lo que llamo mío: mi esposa, mis hijos, mi pueblo, mi patria y mi mundo…

"¿Cómo salvarlo? –Siendo bueno: no matar porque, si mato, los hijos del muerto van a venir por mí y puede que a por mis hijos. No fornicar porque me pueden contagiar la hepatitis, en fin, usted ya me entiende. No desear a la mujer de mi prójimo porque, si lo hago, mi prójimo me la tendrá jurada, etcétera, etcétera.

"De modo, don Juan, que salvar el alma, según esto, viene a ser algo así como tener una larga vida y una serena, saludable y longeva descendencia que tenga, a su vez, una serena, saludable y longeva descendencia, y así siglos y siglos.

-¿Y dios? –peguntó don Juan.

-Dios es el garante, es el que sabe la verdad a la que trato de aproximarme.

-¿Y vamos al cielo, profesor?

-El cielo, don Juan, está del suelo p'arriba.

El lobo y el cordero

Estaba el cordero paciendo serenamente en el prado verde cuando se acercó, cauteloso, el lobo. El cordero lo vio cuando ya se le abalanzaba, pero giró hacia un lado escabulléndose. El lobo fue a parar al borde del precipicio. El cordero lo embistió, como pudo, con el morro y el lobo cayó al vacío dando alaridos. Luego lo llevaron al Tribunal de los Derechos Animales por presunto uso desmedido de la fuerza, con resultado de muerte.

¡Muchas ayudas…! ¡Más que nunca…!

Somos cinco clientes en el bar; Julio, el dueño, ya nos ha despachado y sube el volumen del televisor. Se escucha: …El ministro ha contestado a las críticas del partido de la oposición refiriéndose a la crisis, producida en nuestro país por los especuladores internacionales, y a las ayudas concedidas; lo ha hecho ¡con estas palabras!: "¡Tenemos problemas económicos, sí! ¡Tenemos cinco millones de marginados, sí! ¡Y hemos tomado medidas! ¡Y hemos repartido más ayudas que nunca, en la historia del país! ¡Más que nunca! ¡En eso no nos va a enseñar nadie!"

-Ya lo ves, Julio; ya ves qué es lo que importa a los nuestros: ¡La clase obrera!   -dijo un señor de mediana edad, a mi izquierda, frente al dueño.

-Ya lo veo, sí; jua, jua jua: "¡Compañeros, hemos desplegado nuestros mejores ejércitos!", jua, jua "¡Los hemos lanzado a la pelea! ¡Tenemos cinco millones de heridos!", ¡Ay, que me troncho…, jua, jua, jua! "¡Pero hemos repartido más vendas que nunca!", ¡Ayyy…! "¡Más que nunca! ¿Qué nos quieren enseñar? ¡Más que nunca!".

Jua, jua, jua, jua ¡Ay que me duele el vientre!, ¡jua, jua, jua, ayyy…!

-Pero ¿qué te pasa, Julio? Siempre estás de guasa. Ni vas a votar siquiera. Así están, que nos van a ganar. ¡Eras el mejor, reacciona Julio!

-Con mi casa, en la subasta, es con lo que van a comprar las vendas, Pepe.

-Pero ¿qué dices?

-Le debo a Hacienda quince mil euros, Pepe. Me han embargado la casa para cobrarse, Pepe. Dejan a mis hijos en la calle, Pepe. ¡Son unos traidores, Pepe! ¡Nos roban hasta el alma, Pepe! ¡No son los nuestros, Pepe! ¡Estamos en la misma mierda, Pepe! ¡Me cago en la zorra, Pepe!

El chico listo

A mí, eso del idioma, me hace mucha gracia, doña Jacinta. Me recuerda un chiste que contábamos mucho de muchachos: El niño salió muy contento de la escuela. El profesor de lengua le había dicho que era listo. Disfrutaba mucho en clase de lengua. Por la tarde paseaba con su padre en el muelle mirando el agua y dijo de pronto "¡Mira papá, un pez!". El padre le dio un cogotazo y le gritó "¡Diga *peje*, como su padre, hombre, oh!".

¡Que mee, coño! ¡Que mee!

Lo escuché ayer en la cantina. Se lo decía un hombre ya mayor, un anciano, a otro de su misma edad. Celebraban algo que supe después, el nacimiento de un nieto de don Pedro:

"Por la radio lo dijeron, fueron cinco segundos. Los salario en Europa, vamos a decir:

Luxemburgo:	1.750 €
Irlanda:	1.653 €
Bélgica:	1.389 €
Holanda:	1.385 €
Francia:	1.350 €
Reino Unido:	1.005 €
Nosotros:	624 €

"Luego habló el ¡Líder!, '¡Somos un Estado Social y Democrático de Derecho…!' ¿Y qué duda cabe, amigo Pedro? ¿No lo dicen el gobierno obrero, el partido obrero, el tribunal supremo, el constitucional, la audiencia especial, el club de mambo "Comisionistas Obreras", la chirigota "Unión Genial de Trovadoras", sus respectivos progenitores y sus respectivas progenitoras? ¿Qué duda puede haber?

"Un parlamento ¡independiente!: El gobierno propone una ley, y si no tiene votos para aprobarla ¡negocia!:

compra los votos de las minorías del norte y del nordeste por mil millones cada una, y aprueban una ley con la que ¡nadie está de acuerdo!… Un parlamento que se vende por dinero, o traicionando los programas electorales y a sus votantes ¿es un parlamento independiente del gobierno? Síííí, ¡igual de independiente que cuando la dictadura, sólo que entonces era un poquitito más barato; no podía ser de otro modo: los trabajadores no pagábamos impuestos!

"Un parlamento que aprueba leyes que no tipifican comportamiento concreto alguno, sino vaguedades como el '¡Honor!'… porque ¿qué es el "honor"?, ¿tiene algo que ver conmigo? ¿y contigo? Y la "libertad de opinión" ¿qué es? ¿es 'puedes tener la opinión que quieras pero ten mucho cuidado con lo que dices'? Parece que sí; ¡Igualito que cuando la dictadura!: Serán los del alto tribunal los que, en cada caso concreto, en el ejercicio de su poder ¡Legislativo! y tal vez, mirando p'al pesebre, ¡Hagan justicia! Sííí, justicia; y por definición porque… ¿Qué es la justicia, Pedro? La respuesta la tienen todos los libros de oposiciones p'a funcionario, sea cual sea su escalafón: 'Justicia es la que, en nombre de Su Majestad, administran los tribunales de justicia'. Lo que no sé es si Su Majestad está contento o si se le cae la cara de vergüenza… Como la nobleza tiene por costumbre no expresar sus emociones; imposible saberlo.

"¿Es independiente un poder judicial cuyos máximos jerarcas deben su puesto a los partidos y al gobierno, con esos humildes complementos salariales que les dan a los pobrecitos? –Sííííí ¡Claro! Y si tienes alguna duda, pregunta a esos que han sido nombrados Generales.

"Somos un estado Social: somos la clase privilegiada, quedó demostrado en cinco segundos. Es Democrático: los eliges tú ¿qué queja puedes tener? Y es de Derecho: hay tres poderes independientes: el parlamento, los jueces y el gobierno; y, efectivamente, son independientes… independientes de nosotros.

"Tanta pelea en esas calles, envueltos en esa humareda de gas azulón, viscoso, que nos asfixiaba y nos hacía vomitar, las balas silbando a nuestro alrededor, los choques cuerpo a cuerpo, que todavía se me erizan los pelos…, para descubrir, al cabo de tanta sangre, que teníamos justito, justito lo que queríamos: Un estado Social y Democrático de Derecho ¡Ah, carajo!

"Pero bueno, amigo Pedro, ¡Hoy estamos a lo que

estamos! –dijo, y levantó el vaso, el otro también, los chocaron salpicándose de brandi, y gritó:- ¡Que viva la meada de ese muchacho macho!

Comedia en tres actos

Ella, de unos treinta años, estaba atendiendo a una usuaria del servicio social, sentada tras su mesa, muy puesta; la usuaria, de unos cuarenta, sentada al otro lado de la mesa. Él, tendría unos cincuenta, se había aproximado por detrás sin que ella lo viera, hasta quedar a su izquierda.

-Miiira –le dijo, y siguió pausado:- ¿Y cómo está la reina de los maaares?

La funcionaria miró hacia arriba, se le encendió la mirada, le pasó el brazo por la entrepierna rozándole los huevos, que quedaron prisioneros sobre su antebrazo, y dijo "¡Bien! ¡Muy bien!", mientras lo besaba en la cadera. Él dijo "mmm".

La usuaria lo miró a la cara, luego con ojos muy abiertos observó, abajo, el bulto, que se le había puesto duro y prominente como una botella de cerveza, tomó aire y suspiró un leve quejido, aflojando todo el cuerpo. Como ya la habían atendido, se fue.

La funcionaria volvió a mirarlo y le dijo "nos vemos a las siete".

-¡Quieta! ¡Quieta! ¡No te la saques!

-Me duueele

-¡Aguanta un fisco!

-¿Quién te quiere a ti? ¿Quién te quiere a ti? -dijo ella,

tomando su barbilla entre el índice y el pulgar.

-Mmmm –dijo él con los ojos cerrados, perezoso, dándose la vuelta en la cama.

-La neeena –continuó ella con la mirada perdida.

Carta de un viejo a los jóvenes del 15 de Mayo

El riesgo de errar existe: Sois humanos, no dioses, ni superhombres iluminados sino humildes trabajadores. Pero confiad: en el momento preciso, sabréis que lo que dijo el otro día el señor Llamazares en el Congreso, que el 70% del presupuesto del estado lo aportáis los trabajadores, es inexacto; es decir: que, lo que dijo, se ha de entender literalmente: los trabajadores sois los que trabajáis y pagáis impuestos. Y que esos sois en torno a un 30% de los que él llama "los trabajadores"; los que trabajáis, muchos 10 horas al día y seis días a la semana, para llegar con cierta holgura a fin de mes, ya que el gobierno se queda con el 30% de lo que ganáis, y lo que es muy doloroso: para hozar, y para que hocen sus fieles seguidores, entre manjares de su gusto, sin tener que hacer más esfuerzo que el que les veis hacer. Sabréis que el dinero de vuestro sudor y de vuestro dolor (el dinero que quitan a vuestros padres y a vuestras madres) se lo dan a una buena parte de sus votantes. Los pobres, los que lo necesitan, no reciben nada; les dicen que les falta un papelito y les dan un vale para que retiren en el supermercado dos panes y tres latas de sardinas cada quince días. Sé que estos hambrientos, y sus tiernos hijos, os duelen en el alma ¿Cómo iba a ser, si no?

Descubriréis (ese es mi anhelo) que, para lograr un pueblo unido, hay que eliminar todas esas banderas que tanto gustan a unos y tanto horrorizan otros (trabajadores y trabajadoras). Ninguna bandera que enfrente a un trabajador con otro debéis enarbolar; bandera, cada cual tiene la suya; en las manifestaciones, para reclamar lo que necesitáis, no debe haber ninguna bandera que os divida: "¡Todos a una!", sabréis decir; apartándolas para que no estorben vuestra unidad.

Comprenderéis, en el instante preciso, que lo mismo ha de suceder con vuestro ideario: ninguna idea que divida a los trabajadores puede ser incluida en el ideario del movimiento obrero que hoy fundáis. Cada trabajador y cada trabajadora tienen sus propias ideas, son libres y ejercen su libertad para obrar, pensar y expresar. Ninguna idea concreta debe ser ensalzada por el ideario del movimiento obrero, y ninguna debe ser condenada por el mismo. Cada cual con las suyas, y unidos, todos y todas, en lo que os concierne. En eso consiste la libertad y de ese modo lograréis la unidad necesaria para arañar algo de justicia.

Entenderéis que, en lo que concierne a moral, política, sexo y todo lo demás, se debe proclamar la libertad más absoluta de cada ciudadano y de cada ciudadana, ya que cada cual tiene su moral, su forma de amar, sus ideas políticas, su religión, su inteligencia…, y ninguna de entre las diversas formas debe ser inscrita en el ideario de los trabajadores y ninguna debe ser proscrita por el ideario de los trabajadores. Es decir, de la causa común, se debe excluir cualquier expresión que divida; las ideas son cosa de cada cual ¡Libertad plena!

Tengo en mi fe que proclamaréis la libertad política para los trabajadores y para las trabajadoras, sin que ninguno, ni ninguna, vean que el ideario obrero ofende sus ideas políticas o sociales, ni que ensalza las del otro. No es la política lo que os une, lo que haría sería dividiros, por eso no debe formar parte del ideario del movimiento obrero que hay gestáis. Sabréis determinar, digo, que vuestro ideario, el ideario obrero, ha de recoger: el aumento de vuestro salario y la mejora de vuestras condiciones de trabajo, la mejora de vuestras vidas, la mejora de vuestros servicios de salud, la de vuestros servicios de educación, vuestra vivienda, la de vuestros servicios de ayuda a los compañeros (el "socorro rojo", tan esquilmado por los vividores)…, el pan, el trabajo y la libertad, vuestros y de vuestros hijos; que vuestro ideario proclame la más completa libertad de afiliación y organización política y la más completa libertad de voto para todos los trabajadores y para todas las trabajadoras, sin ensalzar la opción de ninguno ni ofender la opción de ninguno: ¡Unidad y Libertad!, será la fórmula con la que lograréis abandonar el calculado fracaso de los fósiles sindicales que hoy pretenden erigirse en vuestros representantes y que lo único que lideran, y a propósito, es el sectarismo, el calculado fracaso, la ruina de los trabajadores y de las trabajadoras. Lograréis, así, andar el duro camino que os puede conducir a mayor libertad.

Los trabajadores no sois esos "redentores" que se sienten iluminados como si los hubiera tocado en la frente la lengua de fuego del Espíritu Santo y que dicen estar salvando a los marginados. No. Los trabajadores tenéis vuestros propios problemas y sufrís injusticias más crueles que las de ningún otro "colectivo" (ese término rimbombante tras el que, por lo común, no están sino, precisamente, esos activistas políticos y sociales, esos fanáticos desnaturalizados contra los que os habéis sublevado). Arrojad todo lastre, proclamad vuestra imprescindible insignia: ¡La Unidad de los trabajadores y de las trabajadoras. La unidad del pueblo trabajador, a partir de la libertad personal plena para obrar, pensar, expresar, vivir y amar, cada uno y cada una, como quiera y buenamente pueda!

¡Estáis en condiciones de encontrar un camino de libertad y de justicia! ¡Sois lo más precioso que tiene hoy nuestra nación!

¡Confío en vosotros! Os felicito por vuestra valentía y os deseo la mejor suerte y que acertéis a cada paso. No se escuchaba la voz de la juventud desde aquellos pocos gritos ensangrentados que alcanzamos a dar en los duros tiempos de la dictadura y que alcanzaron para añadir el nombre de democracia a nuestra nación; nombre que hoy, con gran valor, exigís que se haga efectivo.

No he querido callar; perdonad mi torpeza ¡Que todos los luceros os iluminen el camino y que, apartando los obstáculos que entorpecen vuestro valiente andar, logréis, oh bien supremo sobre la tierra, que *la aurora de la libertad y de la justicia, resplandezca en el horizonte de la patria!*

Todo vuestro: Pancho Tacoronte.

En San Lorenzo a 25 de julio de 2011.

**Nace el toro
y con la vara,
que le da naturaleza...**

-Don Juan –dijo don Pedro-, eso de irse a Barcelona a ver los toros, eso ya se acabó.

-Sí, ya no hay.

-¡Ay que ver!

-Es esa jodida política que lo tiene todo podrido.

-Mire, don Juan, por allí viene el profesor Mateo. Pegúntele qué le parece eso de los toros en Barcelona, para reírnos un rato –siempre hacen burla del profesor, él les sigue el juego; llega junto a ellos, los saluda y se sienta.

Yo estaba dos bancos más allá. Así hablaron:

-Profesor ¿usted qué piensa de eso de los toros bravos? ¿Es un crimen?

-Bueno –dijo el profesor-, los toros bravos, salvo los que se imponen en la plaza, que son indultados y viven muchos años como sementales, lo cual me pone verde de envidia; los toros bravos, digo, tienen el mismo fin que los demás: Acaban en el puchero o en la parrilla. En eso no hay diferencias.

"El toro bravo nace en un campo lleno de pastos y de árboles que le dan sombra: encinas, robles, fresnos, chopos… Allí chupetea teta, juguetea y crece. Hace una vida que a cualquiera le provoca envidia. Hasta los cuatro años vive un idilio. A los cuatro años muere en la plaza, salvo excepciones: los toros excepcionales, como dije, son indultados, como *Desteñido*, «inmortal como el de Europa, galán ardido de lúbrico deseo», y viven con los demás sementales, salidos de la retienta en la que se ganan la felicidad terrena, con sesenta u ochenta vacas para cada uno, como *Diano*, famoso semental de la vacada de Ibarra dedicado a padrear durante muchos años (¡qué envidia!) para la cruza de la ganadería colmenareña de don Vicente Martínez. Y hay por allí cabestros y caballos, caporales, jinetes y mozos.

"Pero ¿qué ocurriría si se prohibieran las corridas? Yo mismo se lo diré: El toro bravo no nacería… No viviría cuatro años en el paraíso. Porque ¿quién iba a criar toros bravos si no hay corridas? ¡Nadie!

"Y dígame usted don Juan ¿Qué haría el toro de Osborne si pudiera hacer como Pinocho, bajar de la montaña y llegar a una de las plazas en las que se estuvieran manifestando esos líderes de la protectora de animales? ¿Se sumaría, agradecido, a ellos?"

-Imposible saberlo, profesor. Pero… igual los *encuernaba* por el culo.

-Sí, para regocijo de unos cuantos.

-Sí, sin duda.

¡Que vengan traidores!

-Mire, don Cosme, si usted tiene un partido, tiene amigos y tiene enemigos. Si no pertenece a ninguno, a poco que hable con sus amigos en el bar, sólo tendrá enemigos. Y ese es mi caso. Si pudieran me hundirían en la miseria.

"Conversar con los amigos en el bar, hablando mal del gobierno, es mucho más de lo que están dispuestos a permitir esos activistas.

"Pero todos esos enemigos me los debe enviar Dios porque, cada a vez que me cierran una puerta se me abre otra y quedo en un estado mejor que en el que estaba. Toco madera –Y Narciso miró a su alrededor buscando algún objeto de madera. No encontró ninguno y se palpó varias veces la cabeza con las palmas de las manos. Y continuó:

"Así es que ¡Que vengan traidores y que les den mucho por donde cargan los camiones ya que tanto les gusta!

Fue terrible. Primero murió Dios.

Luego, por el mismo brazo asesino,

murió el hombre. Así: el hombre se hizo dios,

o sea, muerto. De tal modo que

devinimos abismados a los

avernos: con esos mengues ociosos,

por millones, *engodados*, cebados

en el plasma –cálido todavía-,

de la gran vasija, que nos arranca

y que administra el Ángel de la Luz

al amparo de pistolas del nueve.

La municipalidad le regaló un sueño divino a Jacinta

Anochece, camino frente a la fábrica de fideos, los trabajadores han terminado la jornada y están saliendo, tienen aspecto de cansados pero contentos, una mujer de unos sesenta años se arroja de rodillas delante de uno, resuena el golpe de las rodillas contra el asfalto, lo sujeta por la cintura, tira de él, llora y grita:

-¡Maridito mío, vuelve! ¡Corazón de mi vida, vuelve a casa! ¡Perdóname! ¡Alma mía, no pequé! ¡Vuelveeeee! ¡Aaaaaayyy vuelveeeee!

-¡Levántate, Jacinta, que me partes el corazón!

Me he detenido, se han detenido todos los transeúntes; junto a mí un trabajador dice a otro "¡Pobre mujer!"

-Pero ¿no dicen que fue ella la que lo dejó a él? -dijo el otro.

-A mi mujer se lo contó todo: fue a buscar trabajo al ayuntamiento, el empleado le preguntó cosas de su vida y la mandó con el asistente social, que le dijo que tenía que ser una mujer libre, salir a divertirse cuando quisiera sin pedir permiso a nadie; le señaló diz que "actividades" para hacer durante la semana hasta el martes que la volvería a ver… A los tres meses Juan se fue de la casa, la dejó, "¡Ya no te quiero!", le dijo.

¡Una mierda!

-Mire, don Cosme, esa libertad que dice la ministra, coño…, esa coño… Mire, en el sesenta y ocho tenía yo ya cuatro hijos. Trabajaba en la fábrica de fideos y mi mujer se ocupaba de la casa, cuidaba a mis suegros y atendía a los niños. Pues con lo que yo ganaba, nos alcanzaba para llegar a fin de mes; justito, justito a fin de mes. Hoy, mi hijo Pedro tiene un niño, trabajan él y su mujer, y con lo que ganan entre los dos les alcanza para llegar a fin de mes; justito, justito para llegar a fin de mes. Así que, el trabajo… ¿Pero qué libertad es esa? Esa, coño…, esa, coño… ¡Es una mierda, don Cosme! ¡Una mierda pinchada en un palo, don Cosme! ¡Una mierda podrida, don Cosme!

Fueron ellos

-Mire César, nuestra patria, gobernada por la derecha, se había alineado con sus aliados de siempre, con los americanos, con las petroleras del eje anglo-americano-italo-japonés, que ambicionaban el petróleo de Irak. La derecha iba a ganar las elecciones, de nuevo, tres días después. Los socialistas prometían que sacarían a nuestro país de la guerra de Irak, o sea: que cambiarían de bando. Las otras petroleras, las del eje franco-ruso-chino-alemán, que llevaba décadas sacando petróleo de Irak, ambicionaban el apoyo de nuestro ejército.

"Fueron ellos, don César, la secreta, don César.

-Pero Julio ¿Qué pruebas tiene usted?

-Las mismas que tenía Carlos Marx cuando escribió El Manifiesto, don César: Ninguna.

Apreciado Paco:

Me pides noticias del movimiento 15-M. Con gran dolor he de decirte que ya no es un movimiento. En unas pocas semanas se han infiltrado en sus filas los politicastros de siempre y ahora copan todos los puntos de liderazgo. Se han convertido en una nueva secta de activistas que lo que ansían son subvenciones. Subvenciones que habremos de pagar nosotros, los que trabajamos duro para poder sustentarnos y sustentar a los nuestros. Lo que ahora buscan es convertirse en una rémora más a nuestra subsistencia. Sus acciones son las propias de los fascistas: insultar, escupir, golpear a quienes piensan por sí mismos. Una verdadera vergüenza. Mis ilusiones del principio se han convertido en amargura, pues amargo me resulta el fracaso de esos pobres muchacho y de esas pobres muchachas que tan esperanzado contemplaba. Deseando que tú y los tuyos gocen de buena salud, se despide tu amigo

Pancho Tacoronte.

En San Lorenzo, a 16 de enero de 2012.

¡Está aquí!

Eran cinco. Uno alto y ancho de espaldas, de unos treinta años, el trilero, manejaba tres discos de goma, negros por detrás, uno de los cuales tenía, delante, un círculo blanco con el dibujo de un árbol de copa verde, con sus frutas rojas y su tronco marrón; los otros dos llevaban delante un círculo blanco. Los cuatro más jóvenes, dos mujeres y dos hombres, le rodeaban en corro; los discos comenzaron a moverse sobre un periódico doblado dos veces que descansaba sobre tres cajas de cartón apiladas.

La señora caminaba despacio por el paseo marítimo en dirección al pueblo de pescadores convertido en mole turística; su figura se recortaba contra los tonos rojos del atardecer. Su marido a veces se adelantaba, luego la esperaba, otras veces se quedaba atrás y luego andaba más deprisa para alcanzarla. Debían ser sus primeros días de vacaciones porque se detenían a observarlo todo. Hablaban inglés.

Llegaron juntos a la altura del trilero donde, como si fuera casualidad, en ese momento una de las jóvenes recogía un billete de cinco mil que le daba el trilero, aún conservaba en la mano el disco ganador, saltaba y daba gritos de alegría abrazando al joven que estaba junto a ella; el trilero, por su parte, le entregaba el billete con gesto jubiloso y hablando una lengua llena de erres; procedían de Rumanía. Yo me detuve casi detrás del trilero, a su izquierda.

La señora, que se había detenido a observar la escena, miró los discos que ya estaban de nuevo sobre el periódico. El trilero los movía y hacía gestos a la señora para que los mirara, hablaba continuamente mientras tomaba el disco de la izquierda, lo levantaba y, en un mal inglés, decía "no, este no es", luego lo colocaba plano sobre el del centro y los levantaba mostrando el círculo con el árbol y diciendo "sí, es este", finalmente situaba los dos que tenía en la mano sobre el de la derecha, lo levantaba y decía "aquí no hay nada". Luego seguía: "este lo pongo aquí" y colocaba uno a la izquierda, "este lo pongo acá" y colocaba otro en el centro, finalmente "este aquí" y lo colocaba a la derecha. Repetía la operación: "Este no es" y levantaba el de la izquierda; levantaba el del centro diciendo "es este"; también el de la derecha diciendo "aquí no hay nada". Lo repitió una vez más.

Luego, con los tres en la mano, le dijo "juegue usted ahora", y colocó el de la izquierda, colocó el del centro y luego el de la derecha. Cuando colocó el del centro, la señora se apresuró a sacar la cartera, sin percatarse de que el trilero, con el meñique de la mano izquierda, empujó el del centro hacia la izquierda y colocó en el centro el que había estado a la izquierda; la señora entregó el billete de cinco mil y levantó el del centro, justo cuando su marido le gritaba tratando de advertirla del cambio y el trilero empezaba a decirle "no, ese no es". La mujer estaba desolada con el disco negro en la mano. El marido protestó. El trilero le dijo "apueste usted ahora, así tal y como están, sólo con dos". El hombre sacó con prisa un billete de cinco mil. "No, son diez mil, porque ahora sólo quedan dos", le dijo el trilero. La joven que antes había ganado movió su billete de cinco mil en el aire y sonrió. Los otros tres le gritaban "¡está aquí! ¡aquí! ¡aquí!", señalando el de la izquierda. El hombre sacó otro billete, entregó las diez mil al trilero y levantó el de la izquierda. "¡Oooh!", dijeron los jóvenes. "No -dijo el trilero-, no es ese; está aquí", y levantó el de la derecha mostrando el arbolito verde.

Las ayudas

-Mire, pedro, yo no me creo ni una palabra.

"Esos europeos ¿ayudan? ¿A quién?

"Nuestros bancos pidieron préstamos en el mercado interbancario. Los préstamos los concedieron los bancos alemanes y los franceses, entre otros.

"El dinero que pidieron prestado, nuestros bancos lo invirtieron en créditos a los promotores inmobiliarios y, a la postre, resultó un negocio ruinoso.

"Ahora, nuestros bancos no pueden hacer frente a las deudas contraídas con los bancos alemanes y franceses, y Alemania y Francia, desde la Unión Europea, conceden nuevos préstamos a nuestros bancos para que puedan pagar a los suyos de ellos, pero esta vez con la garantía del estado. Y mire cómo está el tipo de interés.

"¿Usted, Pedro, ve ayudas por algún lado?

La bella Aurora y el cantar de Lucas

Había luna, la vio venir…

"¡Hay qué bonita!", se dijo, irguiendo su cuerpo joven. La saludó acercando la nariz a la suya; aspiró el perfume a su espalda; le entregó su mensaje junto a unas flores. Ella las olisqueó coqueta; su cuerpo se volvió seda. Él la rodeó y la rozó con sus labios; luego besó… su vida, suaaave; luego, con beso franco, su lengua suaave, suaaave; se abrazó, delicado, a su espalda y se movió suaaave, aarmonioooso. Ella suspiraba, la lengua entre los labios; dijo "ohhhno", y suspiró tres veces y luego dijo "ohhhnnnooo", y su cuerpo era seda fina. Y él suaaave, armonioooso. Y ella dijo "ohhhnnn ooohhh, ooohhh"; y no dijo más sino suspirar en su abandono. Y su cuerpo era el terciopelo más precioso. Y así estuvieron; y tumbados, enlazados en un nudo suaaavee…

Sintió que lo sujetaban por los brazos y lo llevaban unos pasos más allá.

-¿Dijo no? –Lucas, la cara vuelta hacia el lugar de ella, la mirada ausente.

-Conteste ¿Ella dijo no? –Lucas giró lento la cara,

la mirada ausente, hacia la voz que le hablaba.

-¡Conteste! ¿Aurora dijo no? –Él, sereno, ido, movió la cabeza, pausado asintió…

Y cuentan que, en las noches, las vecinas escuchan un lamento bardo que parece llegar del lado de la cárcel y que, en las noches de luna, es un cantar, casi hermoso, que enternece a las mayores y enciende el vivo pecho de las más bonitas: "áu, áuúúúuuuhhh…"

Pancho, el autor de los textos que acaba de leer (sobre los que no nos corresponde juicio artístico alguno), padece una psicosis paranoide que se desencadenó cuando tenía veintiocho años, tres después de salir del servicio militar, el cual había prorrogado cinco veces. Había militado en el movimiento antifascista, desde los catorce, y participado en muchas huelgas y manifestaciones, casi siempre violentas; lleva en su cuerpo cicatrices de aquella época. Pero fue en 1987, ya llevaba vigente la constitución democrática nueve años y gobernaba el partido socialista desde hacía cinco, cuando aparecieron los síntomas de mayor gravedad. Había terminado sus estudios de filosofía (tras repetir dos cursos y con notas mediocres; dice que, aparte de su torpeza, porque la militancia le ocupaba mucho tiempo y que sus estudios sobre temas sociales, económicos y políticos, que no entraban en los exámenes, lo absorbían). Se había divorciado hacía poco de su primera esposa, con la que se había casado un año antes. Lo habían despedido los socialistas del servicio de promoción cultural de la municipalidad en la que trabajaba, dice que porque se negó a participar en un boicot a los servicios culturales, que le habían propuesto cuando estaban en la oposición, para desprestigiar al grupo gobernante; "yo voy a cumplir con mi contrato, voy a seguir con los programas de educación popular, y los vecinos que voten por quien les dé la gana que para eso trajimos la democracia a este país", dice que les dijo; seis meses despúes ganaron las elecciones y lo despidieron. Se divertía con amigas, casi todas feministas radicales, con las que mantenía relaciones íntimas. Había abandonado la militancia, consideraba que "la democracia que han instaurado es una pantomima representada por indeseables que están hundiendo a los trabajadores, más aún que cuando la dictadura", y que las organizaciones con las que colaboró tantos años habían incluido en su ideario "proclamas sectarias que dividían a los trabajadores enfrentándolos unos contra otros y se habían convertido en formaciones fascistas y estalinistas que imponían su modo de vivir a los trabajadores, a las trabajadoras, a los niños… y a toda la nación". Respondió bien a la medicación.

Fue, el de 1987, un brote agudo con alucinaciones en los cinco sentidos y delirio de persecución; fue diagnosticado, entonces, de psicosis paranoide; se instauró el tratamiento con antipsicóticos; en tres días se había recuperado. Unos meses después se volvió a casar.

A lo largo de veinte años tuvo dos brotes muy leves que fueron tratados de inmediato, duraron dos días cada uno. Los brotes, en lo observable, consistieron en insomnio, poco apetito, distraído o desatento; un andar apresurado, en ocasiones, y lento, sofocado, agotado, en otras; callado, cuando suele ser afable; una mirada "intensa"; el gesto rígido. Las alucinaciones y el delirio persecutorio no producen, en lo externo, más que eso; son los únicos signos que le han notado sus padres y su esposa; en lo demás, son vivencias internas que suelen desarrollarse en un ámbito "mágico, como ese del que hablan los masones; y, en él, siento que ha llegado la hora de la batalla definitiva", así lo describe. Y "se percata" de los asesinos que vienen a por él y él los destruye, ejecutando artes marciales que estudió en su juventud durante nueve años y de las que ya nada recuerda; todo ello mientras permanece sentado en el bar tomando café o camina por la calle a paso ligero. Salvo los diez o doce días que, en conjunto, duraron sus brotes y hasta hace cinco años, hizo vida "normal". Siempre tuvo dos o tres empleos, trabajaba doce horas diarias.

En los últimos cinco años ha empeorado mucho. Ahora vive en una crisis permanente. Ya no es capaz de trabajar. A duras penas mantiene una conversación coherente dados sus olvidos, ausencias y silencios. Las alucinaciones son continuas. Además, en los últimos meses le han diagnosticado una enfermedad que en el diecisiete por ciento de los casos conduce al cáncer y a la muerte.

Casi todos los textos son anteriores al actual delirio, algunos tienen más de treinta años, todos acusan una clara motivación militante.

Son denuncia y son reivindicación, pero… ¿de qué? Muestran vivencias problemáticas, pensamientos, sentimientos y actos proscritos por una praxis y por una Ley que quedan en evidencia, señaladas como extrañas a su *ser*; cada cual tiene su ser y no otro que el suyo. En ese sentido, resultan en una sublimación, sí; en una sublimación que cifra sus instintos; pero sublima, también, al *yo* que los sacia –cuando puede- y, además, al *super-yo*, ¡su creador!, que a ambos admite como legítimos. Todo cuanto se expresa en el texto está en la conciencia del autor; las tres instancias de la tópica son afirmadas de ese modo. El *narcisismo* es completo.

Parece que el sentido reflejado en los textos supone un cambio en la orientación, un desplazamiento desde las posiciones izquierdistas, radicales, que Pancho defendió durante la adolescencia y la juventud hacia idearios conservadores y hasta "reaccionarios". Pero para Pancho no es así; dice que él sigue haciendo lo mismo que ha hecho siempre: denunciar al fascismo, al de hoy, y al estalinismo de hoy, que son lo mismo, dice. Pero vamos con las preguntas ¿Qué es *en esencia;* de qué se trata…? ¿Qué son ese fascismo y ese estalinismo que denuncia; que siempre ha combatido? ¿Y qué reivindica?

En *El cuervo y la zorra* despliega un humor ácido frente a la Ley. Parece un chiste. En lo que parece una denuncia trivial, se ríe de los derechos humanos y de las instituciones que dicen hacerlos valer. Tras su risa se adivina la soledad del *yo*, el desamparo del cuervo; un desamparo que no encuentra atisbo de trinchera en ningún lugar de la tierra. Se sublima el drama, es la paranoia lo sublimado, la derrota y, hundido en ella, el brazo que se extiende en el navajazo a un enemigo que lo abarca todo. Digo navajazo, no porque se derive del texto, sino por algo que no he dicho: Pancho carga con navaja desde que tenía diez años de edad, se la regaló su abuelo entonces, "llévala siempre contigo", le dijo.

En *El lobo y el cordero*, otro chiste, se cierra el círculo del desamparo. El navajazo alcanzó al enemigo y habla la Ley: presunto asesinato. No hay sobre la tierra cabida para ese *yo*. No hay satisfacción posible para ese *ello* que es *Thánatos* abriendo caminos a *Eros*; se subliman ambos y se sublima ese *yo* soberbio, mítico, megalómano, y también ese *super-yo* herencia del abuelo, al que llora en otro escrito no mostrado: "Que fue movilizado, preventivamente, en la guerra del catorce, en Marruecos, durante nueve años, porque 'había rebelión en el moro', y revolviéndose, rebuscó, bajo las piedras, unas monedas que enviar a su esposa para que alimentara a los tres hijos de corta edad que habían quedado en el suelo patrio; que emigró dos veces a Cuba, angustiado por el hambre de su familia a la que sacó adelante; y que se suicidó, bebiendo veneno fosforado que abrasó sus entrañas, en una muerte terrible de tres días, a los ciento cuatro años de edad, una semana después de la muerte de su esposa, que tenía ciento tres".

En su carta a los jóvenes del 15 de mayo cifra su esperanza social: El desprecio hacia los mantenidos a cambio de su voto; el fin de la división, de la quiebra del movimiento obrero, proclamando la libertad individual sin enaltecer ni denigrar ninguna idea o forma de vida, abrazando únicamente lo netamente obrero... En la carta a su amigo Paco cifra su dolor ante el fracaso de esos jóvenes; cifra, una vez más, su amargura.

También nos habla de otros *Eros* que resultan ahogados, condenados por la Ley: un padre aterrado, que se siente acosado por los "maricones" donde más le duele, en el cuerpo de su hijo, un niño que lo escucha asustado; una mujer destrozada por el abandono y su marido, un hombre que ha perdido a su esposa de la peor forma, ya no la quiere; un joven patán que habla su ilusión por una bella mujer, en un idioma, el suyo con los hombres, que está condenado por el poder; un lobo encarcelado, atrapado por el sino de la raza.

...Y ese trile que es su vida.

...Y un hombre, Julio, que ríe desesperado: Ve a sus hijos en la calle, sin un techo donde guarnecerse porque el "gobierno del pueblo" les quita la casa para cobrarse un tributo que él no puede pagar.

¿Y esa Guerra Mundial que percibe Julio? Julio, el mismo que ríe desesperado por la suerte de sus hijos, "domina" los secretos del *materialismo histórico* y la *dialéctica*; para él no hay misterio alguno: "Fueron ellos". Pero ¿quién es Julio? Es ese *yo*, erigido de la nada, *creado* por él (por *ese* que *es* él), que no calla sino cuando estalla en pedazos y arroja todo el *ser* a un mundo mágico donde se libra la última batalla, en la que no hay tiempo material para el *logos*, sólo el *acto* es posible; uno tras otro, destruyendo enemigos que llegan en avalancha interminable, no hay tiempo para más; hay que destruir sin parar, cualquier distracción es el fin; destruir, destruir -no hay tiempo ni lugar para la *palabra*-, desde su silla en el bar, andando por la calle, en todo lugar, sin que nadie lo sospeche siquiera.

Y ese pobre viejo que habla solo, y esa "mierda podrida"; y ese "verso" amargo y ese chico listo y el toro y el alma y la funcionaria…; y ¿quién es ese muchacho macho?, ¿quién es ese bebé que mea brandi? Es el nieto de don Pedro. ¿Y qué atrocidades pueden ser esas de las que no dirá nada? Pancho *margulla* en los océanos del *dezir* popular, palpita en la *intra-historia* como en una bacanal y, cuando alguno interrumpe su fiesta, sin más miramientos, le presenta a un tal don Justo al que tuvo ocasión de escuchar en un bar y a quien la nueva moral, como antaño la vieja, se la pasa "por el forro".

El "fascismo" y el "estalinismo" son su propia vida envenenada, su paranoia, lo siniestro que expresa en su escritura que son puro dicterio contra los "traidores", algunos escuchados en las calles y en los bares. No mira hacia arriba: "conoce" a los jerarcas, "domina" la "ciencia" que los delata a cada instante sin que importen disfraces ni lemas ni leyendas; sin mirar "ve" tanto a los de arriba como a los que a pie de calle culminan la felonía –sea en la inocencia, en la soberbia o *motu proprio*-. Se mira y mira a los lados, es la vida que "ve" vivir, y la que él vive, el "fascismo" y el "estalinismo" son el dolor de los humildes y su propio dolor; ese esperpento, que vive y "ve" vivir, es lo que denuncia. La escritura sublima a las "víctimas", las hace "bellas"; ora viviendo el dolor que les infligen, ora persistiendo en su vivir, ora revolviéndose contra los verdugos como pueden, ora burlándose de "ellos", de su Ley, de su Tribunal, ora acordándose de un tal don Justo. Eso es lo sublimado, eso es lo "bello": los *instintos* de los humildes, los *egos* que los sacian y sus formas de vida. Esa "libertad" –que reivindica- es la sublimada; la libertad de cada cual, la que ha oído gritar a los siglos: "¡Ninguno es más sabio que otro!".

¿Y cuál es el precio? –Por la clínica lo sabemos:

La comedia y el drama danzan al ritmo de un son funesto: la psicosis, descrita por Szasz. Sólo la droga, prescrita religiosamente por el médico, logra armonizar apenas sus movimientos, colgando del trapecio, en una "realidad" vivible, al fin y al cabo.

Pancho Tacoronte, ese nombre de guerra; ese *yo, obra* de su voluntad, *acto,* que lo condujo desde niño en el combate antifascista clandestino y que, junto con otros combatientes, trajo la victoria, se encontró, en la victoria, con la mayor derrota: se cerró el cerco, no hay lugar para él en el mundo, el enemigo es omnipotente. Sólo la clandestinidad es posible; y ya no la clandestinidad de la niñez y de la juventud sino la clandestinidad absoluta, no compartida con nadie porque ya no hay nadie, sólo magos librando la última batalla.

Índice

www.ingramcontent.com/pod-product-compliance
Lightning Source LLC
LaVergne TN
LVHW010657200726
843507LV00011B/1907